대신 울어주는 새

창작동네 시인선 183

대신 울어주는 새

초판인쇄 | 2024년 6월 30일
지 은 이 | 최옥순
편 집 장 | 정설연
펴 낸 이 | 윤기영
펴 낸 곳 | 도서출판 노트북 등록 | 제305-2012-000048호
주   소 | 서울시 동대문구 사가정로 256-4 나동 101호
전   화 | 070-8887-8233 **팩스** | 02-844-5756
H   P | 010-8263-8233
이 메 일 | hdpoem55@hanmail.net
판   형 | 신한국판형 130-210/ P144

ISBN 979-11-88856-84-8-03810
정 가 10,000원

2024년 6월_대신 울어주는 새_최옥순 제3시집

한국 현대시[韓國現代詩]

*잘못된 책은 교환해 드립니다.
*저자와의 협의로 인지는 생략합니다.

대신 울어주는 새

낭송 정설연

대표 영상시 큐알코드 감상하기

추천의 글

 순간의 장면, 순간의 감정, 순간의 판단이 연속되는 과정에서 그것이 하나로 꿰어져 만들어지는 것이 삶이라는 사실을 모르는 사람은 없다. 그러나 그러한 삶을 시로 만들어서 예술적 아름다움으로 느끼도록 승화시키는 사람은 많지 않다. 『대신 울어 주는 새』는 먹고 숨쉬기만 해도 그냥 속절없이 쌓여가는 삶의 순간들에 대한 생각을 쉬우면서도 옆에서 말하는 것처럼 조곤조곤 풀어내어 보여줌으로써 다시 느낄 수 있도록 해준다. 최 시인의 시를 읽고 있노라면 내가 만든 것이기는 하지만 그냥 스쳐 지나갔던 매 순간들이 주마등처럼 떠 오르면서 웃기도 하고, 울기도 하면서 살았던 날들이 아름다움으로 다가옴을 느낄 수 있어서 좋다. 현란한 수사, 공교한 표현이 아니어도 그냥 내 옆에서 함께이기만 하면 좋은 것이 삶이며, 시라는 사실을 깨닫게 해주는 것이 바로 최 시인의 작품이라는 생각을 해 본다. 어머니의 품과 같은 아늑함과 편안함을 마음에 품고 느낄 수 있어서 참으로 행복하다

손종흠 교수
연세대학교 대학원 국어국문학 박사
한국방송대국어국문학과 교수
고전전문가. 국문학연구가

추천의 글

시인(詩人) 최옥순을 안 지는 20년 넘었다.
그때도 시인 이었고, 지금도 바쁜 일상 속에 시를 쓰는 시인이다.
그녀의 시성(詩性)은 삶 속에 과거와 현재, 미래의 소재가 다양하다.
때로는 기쁘고, 때로는 슬프기도 하다.
우리의 삶 속에 잊혀졌던 시절을 기억나게 하고, 복잡한 현재 생활 속에
　오염되지 않는 샘물처럼 우리의 마음을
시원하게 해주기도 한다.
시는 나의 표현이다.
모든 사람들이 공감하는 순간 우리의 마음을
적셔주는 시성(詩性)이 된다.
짧은 시 속에 공감할 때는 하나가 되고, 마음속에 자리 잡을 때는 나의 정신세계와 영적 세계 속에 희망이 된다.
그래서 시(詩)는 오랜 세월 속에 다양하게 표현이 되었고, 지금도 모두 시를 좋아한다.
마음속에 가득 찬 최옥순 시인의 시성(詩性)은
힘들고 어려운 우리 삶 속에 큰 힘이 된다.
삶 속에 지친이들을 보면 시가 되고, 또 사랑의 끈이 마주하는 사람들에게 희망을 주는 끈이 된다.
이러한 시를 보며 기뻤다. 작은 공간에 울림이 큰 공간이 될 수 있는 시성(詩性)은 현실을 외면하지 않기 때문에 더욱 빛이 난다.
추천 글을 쓰기에는 너무 부족하지만 아무튼
감사하다.

　　　　　　　　　　　　　　　신학 박사_김춘목

시인의 말

 삶은 소설이 되어
새끼줄처럼 엮어져 가고
언제 벌써 삶의 모퉁이에서 무엇을 어디를 바라보고 있는지 저만큼 서성이며 가고 있다.

 늘 감사하는 일상생활에서 꽃향기가 진동하는 봄날에 사색하다 자연의 풀숲에 기어가는 벌레 또는 나비가 나는 자연의 조화에서 흙냄새 연둣빛 바람이 부는 날이면 시인은 시를 짓고 있다.

 오랫동안 시집을 내지 않고 창작 활동만 하다가 이곳저곳 흩어져 있는 시를 모아 시집 3권을 출간하게 되었다.

 고운 자연의 신비에 감동하는 시인은
낮엔 해처럼
밤엔 별처럼

 고운 향기를 잃지 않으려고 몸부림치며
시인의 영적 단계에 도달하고자 애쓰는 새벽
멋진 나만의 꿈을 엮어 과거 현재 미래 고운 삶

글 안에 또 다른 사랑으로 늘 함께하시는
주님의 은혜 감사함과 훌륭하신 김춘목 신학박사님.
최고의 고전 전문가 손종흠 교수님.
한내문학 이사장 최양희 시인님.
그 외 많은 분이 용기를 주시고
격려해 주셔서 고맙고 감사합니다

어느 6월의 菊亭 최옥순

목 차

제1부 삐돌이 더하기 갑갑이

016...삐돌이 더하기 갑갑이
017...나홀로 학과에서 걷는다
018...봄에 기도
020...복 빗는 사람
022...바보 사랑
023...감꽃이 떨어진 날
024...봄이 부른다
025...오월의 장미
026...꽃
027...봄비
028...인생의 추억
029...때가 이르면
030...꽃잎 하나에
031...오월의 시
032...철쭉꽃
033...장미꽃
034...당신의 목소리
036...봄 처녀
037...꽃잎에 편지를 쓴다

제2부 대신 울어 주는 새

040...숫돌
041...보고 듣는 것마다
042...쓰레기 줍는 여인
043...서해 바닷가
044...대신 울어 주는 새
046...그대 안에
047...거칠어진 손
048...능소화 꽃잎에
049...수련에 물들다
050...꽃잔치
051...산골 소녀
052...여름이 익어가는 소리
053...구수한 냄새
054...행복
056...오월의 길
057...출렁다리

목 차

제3부 삶의 교향곡

060...선비의 거리를 걷다
061...강천산을 다녀오면서
062...희망의 소리
063...당신 곁으로
064...무엇에 감동하나요
065...삶의 교향곡
066...논두렁 사이에
067...산
068...그들 앞에서
069...계절 옆에서
070...숲
071...새벽
072...어제. 오늘
074...아름다운 계절아
075...어디로 가려고 하나요

제4부 가을 수채화

078...친구야 또 다른 색칠을 하자
079...보는 이 없어도
080...당신은 웃고 있나요
081...사랑의 계절아
082...계절을 누비다
083...마음의 뜰
084...여명
085...초록잎
086...물음표
087...돌탑의 신비
088...아름다운 산
089...마음의 에메랄드 빛
090...가을에 사랑할 거야
091...가을 수채화
092...목련화
093...9월에

목 차

제5부 굳세게 솟아라

096...꿈
097...숲길
098...소나무 아래
099...뚝배기
100...흔들리는 그림자
101...자연에
102...눈 오는 날에
103...희망을 품다
104...굳세게 솟아라
105...거저 받았으니 거저 주라
106...인생항로
107...푸른 삽화
108...힘껏 뻗어가게 하소서
110...일어나 걸어라
112...낮은 마음으로 보게 하소서
113...거금도 사랑이여

제6부 사랑의 시

116...가을엔
117...여백이 주는 시
118...나에게
119...그대의 붉은 피
120...나에게 주는 시
121...부여 백화정에서
122...산울림
123...사는 동안
124...희망
125...아름다운 모습은 어디에
126...사랑의 시
127...들국화 향기로 새벽을 깨우며
128...함께 아픔을 느낄 때
129...세월의 춤
130...성탄절에
132...아름다운 약속
136...[시해설_최양희] 기발한 시상을 타고난 여류시인
143...[가곡] 사랑의 시

제1부 삐돌이 더하기 갑갑이

알 수 없는 당신의 모습
그냥 당신을
삐 갑 씨라고 부르고 싶어요

                삐돌이 더하기 갑갑이 중

삐돌이 더하기 갑갑이

이러궁 저러궁
이야기만 하면 시무룩
중년에 삐돌이가 되나요

옆에 물건 찾지 못하고
갑갑이 친구로 변해

삐돌이 갑갑이
이제 깜깜이

알 수 없는 당신의 모습
그냥 당신을
삐 갑 씨라고 부르고 싶어요

나 홀로 학과에서 걷는다

앞에 보이는 산 모악산
어느새 정상이 내 앞에 웃고 있다

다양한 층의 사람들
그 모습이 좋게 보여

나 홀로 학생도
수풀이 무성한 길 친구가 된 날

뒤에서 걷는 사람이
나 앞을 휙 지나가고

거북이걸음아
장난꾸러기 잡초 힐금 쳐다보는 듯
세월엔 연습이 필요한가 봐

최옥순

봄에 기도

엄마 품에서 자란 어린 오리처럼
스스로 밖에 적응하는 것처럼 젊은 청년이 되어
무슨 일이든 하려고 하는 그 마음이 아름다워
사랑의 힘을 더하며 등 뒤에서 두 손 모아 봅니다

여린 마음 상처받지 않기를 꿈이 꺾이지 않기를
세상에 내보내는 어미 독수리처럼 지켜보는 이
따뜻한 말 한마디가 큰 힘이 되길 기도한다

소중하고 아름다운 청년이 아닌가
나의 손에서 벗어난 청년 사회가 보듬고 힘을 실어
아름다운 젊음의 세대
희망 소망 뿌리내리기를 당신께 기도한다

성장한 청년의 모습 그들의 생각을 존중하며
바라만 봐도 행복한 날 여린 손 만져 본 순간
때 묻지 않은 마음 다칠까 두려움이 앞서
세상의 얽힌 이야기 하지 못하고
좋은 사람 만나 세상을
헤쳐 나갔으면 하는 간절한 마음이다

스스로 일어서 준비하는 아름다운 멋 청년이 있어
즐거움이 있고 웃음이 있는 또 다른 행복의
씨앗의 삶이길 기도한다

최옥순

복 빗는 사람

첫 절기 15일째 되는 날
붉게 떠오르는 달 아래
충실한 씨앗을 골라 풍년을 약속한 농부
배에 앉아 파손된 배를 수리한 어부
일 년 복 손끝으로 빗는 기다림
조상의 지혜 민족의 혼이 서려 있는 행사
세계 각국 축제 분위기 속에
복 받기 소원하는 염원
하늘에 닿아 복주머니로 변해 버린 봄비
닳지도 늙지도 아니한 둥근달
애달픈 사연을 달 앞에서 하소연하는 어머니
마음에 새길수록 코끝이 찡해진 그리움
계수 나뭇가지에 주렁주렁 엮어져
못다 한 사랑처럼
바라볼수록 아름다운 까닭은
우리 곁에 고귀한 어머니 사랑이
아직도
그 사랑이 살아 있기에
넓은 들판에
깊은 바다를 닮은 마음이 그려 있고
파란 빛깔로 행복을 예쁘게 그린
당신의 아름다운 마음이

청녹색 웃음꽃으로 변하여
굴러가도 부딪히지 않는 둥근달
어머니 포근한 사랑 같다

최옥순

바보 사랑

굽이굽이 산기슭 돌아
깊은 숲 속에 어여쁜 그녀
나뭇가지에 핀 꽃잎 같아요

숲과 속삭인 맑은 새소리
탱고리듬 연주곡 바람에 실려와
눈먼 사랑 앞에

뜨거운 마음 가져간 숲 속
깊은 잠에 깬
그녀
수풀사이에 핀 꽃이다

감꽃이 떨어진 날

감꽃이 떨어지는 소리에
땅이 흔들리고 하늘엔 번개가 친다

놀란 지렁이
꿈틀거리고

달팽이
하늘 문을 닫는다

최옥순

봄이 부른다

봄바람을 쫓아 나선 산기슭에
연분홍 얼굴로 맞이하는 그녀

흐르는 계곡 물소리에 놀란 개구리
산새 소리에 숲속은 뜨겁게 달아오른다

산사 뎅거랑 뎅거랑
산골짜기를 깨우고

활짝 핀 꽃잎 꽃비가 이리저리 흩어져
바람이 되고 사랑의 눈물이 된다

아 계절이여
아 아름다운 꽃이여

그대 가슴에 연초록 잎에 물들어
파란 바람이 분다

오가는 인연 슬퍼하지 말고
하나 주면 두 개 주고 그렇게 살라하고

푸른 잎 새 머문 자리
그녀 높은 하늘이 된다

오월의 장미

낭송 정설연

심혈의 숨소리
경이로움과 신비로움에 놀란 붉은 꽃
꾸밈없는 자연과 자아

수많은 사연을 엮어
어디로 가고 있을까

하늘 열쇠 쥔 주먹 안에
시작도 끝도 없는 영원한 세계에
잠시 숨을 죽여
환희의 찬가에 연둣빛 사랑에 물들어

심상(心想)으로 와 닿은
갈망하는 붉은 피가 흐르는 희망
당신의 곁에 5월은 그리움이 된다

최옥순

꽃

지금 그대
무엇을 찾고 있나요

오월의 편지에
헛기침하고

당신의 열정에
그리움이 아파한다

봄비

비에 젖은 생명
영혼 깊이 새겨진 이름앞에
부르다 지친 그대 이름이여

사무치도록 가슴 아픈 사랑이여
부르다 잠이든 이름이여

죽도록
애타게 부르는 이름이여
늘 그 자리에 있을 그대 이름이여

오늘도
내일도

부르다 죽을 이름이여
그리움에 사무친 영원한 이름이여

최옥순

인생의 추억

산은 숲을 이루고
연초록 잎 사이에
오가는 여인의 동심

만남과 인연들
인생 추억의 쉼터에

베옷과 짚신에
구름을 가린 해
울창한 골짜기
고달픈 삶이 내려앉아
조각상처럼 닮아 있는 것을

때가 이르면

코로나19
입마개

때가 이르면
추억이라 말할 수 있으려나

눈으로만
보는 세상

오늘 내일도
태양은 변함이 없는데

기다림에 지친 날
언제 입을 내놓고 다닐 수 있을까

최옥순

꽃잎 하나에

별빛과
속삭이며
꽃잎이 되고 그리움이 날고 있다

기다림에
감꽃은 내 사랑이 된다

그리움이 된 돌탑
까맣게 익어가고 있다

오월의 시

보리 이삭 노랗게
황달이 되어 있다

서둘려 알곡을
때려 눕힌다

바람아 불어라
어둠이 사라지고 새 시대로

비둘기 울음소리에
애간장을 태우며

찔레꽃 그녀의 노래가 되어
5월 아픔은 사라져 간다

최옥순

철쭉꽃

눈을 뜨고
부르고 싶을 때
그리움은 별이 되어

그 자리에 그대로
그리움은 숨어 있다

장미꽃

보리밭 황금빛으로 변할 때
빨간 꽃잎은 말없이 내 곁으로 옵니다

그리운 그대는 신록이 되고
꽃이 되어 향기로 남아 있습니다

어디에 있든지
무엇을 하든지

그대 생각에
살며시 두 손 피아노 건반에

부드러운 곡조
그 여운이 남아

그리움의 창 두드리다 멈춰버린 듯
그대는 알고 있나요

이렇게 좋은 계절에
바람이 되고 공기가 되어
그대 곁에 머문 멜로디입니다

최옥순

당신의 목소리

찬바람을 안고 선 곳은
넓은 초원의 뜰이다

문득 떠 오른 단어
나는 어떤 목소리로 말하는가

매일 화를 내는 사람
자신도 모르게 화난 목소리로

매일 짜증 내는 사람
자신도 모르게 짜증 나는 목소리로

야단만 치는 사람
자신도 모르게
큰 소리로 변해 있다

문득 내 목소리는
어떻게 변하고 있는가

나를 돌아보며
나의 목소리 유지하기 위해
노력해야겠다는 생각에 정신이 번쩍 든다

그냥 하는 말에 짜증이 섞인 목소리에
화가 날 때도 있다

말하는 사람은 모른다
자신이 어떤 목소리로 변해 있는지를
초원의 뜰에서

최옥순

봄 처녀

언덕을 넘고
돌다리를 건너

아지랑이 실바람 타고와
침묵으로 색칠한 그대

그냥 그대로 둘래요
그냥 그대로 둘래요

돌아올 봄이잖아요
돌아올 당신이잖아요

살아온 인연
살포시 얼굴 붉힌 그대

꽃잎에 편지를 쓴다

땅바닥에 뒹구는 꽃잎에
그리움을 접고 사랑을 깨알같이 적어
나의 사랑 봄소식에 립스틱 색깔을 고르며
어울리는 색 하나를 골라 손등에 발라보고
내 입술에 살짝 칠한다
진달래 유채꽃 닮은 입술로 피어나
미래의 꼬리를 잡고
청순하고 어여쁜
그대에게 꽃의 향연에 편지를 띄운다

최옥순

2부 숫돌

아카시아 꽃향기로
매혹 시켜 마음의 숫돌로
깊이 숨은 선 악을 갈아 보이네

숫돌 중

숫돌

영롱한 이슬방울에
마음에 덕
숫돌에 곱게 닦는다

갈고닦아
슬픔에 젖지 않고
스스로 즐거움을 찾네

흐르는 물이 내가 된다면
어디엔들 다툼이 일어나겠는가

풀잎에 앉아 한가로이 노닐 때
저편 나뭇가지 살랑살랑
바람의 택배 기사가 되어

아카시아 꽃향기로
매혹 시켜 마음의 숫돌로
깊이 숨은 선 악을 갈아 보이네

숫돌을 가슴에 품고 있으니
허 허 너털 웃음소리에
푸르고 푸른 소나무 친구가 되자고
손을 내밀어 준다

보고 듣는 것마다

꽃봉오리 풀빛에
울긋불긋 핀 꽃잎 입에 물고
동심의 친구화석이 되어 있다

물장구치고 뛰놀던 개구쟁이
꽃잎에 하하하 웃던 사춘기

빨간 팬티 입고 자랑하던 시절
차가 지나가도 웃고
사람이 지나가도 웃고 미친 듯이 그냥 웃었다

남몰래 가슴 깊이 묻어 둔
작은 그리움 하나
들킬까 봐

얼굴 붉힌 소녀
아름다운 추억 되새김질하며

산등성이에 사시 눈이 되어 있다

최옥순

쓰레기 줍는 여인

철쭉꽃이 활짝 핀 거리 이른 아침에
허리를 굽혀 쓰레기를 줍는 여인 천사가 같다

공원에 놀다가 버리고 간 흔적
쓰레기 봉투 배가 불러 있다

보기 드문 모습이 아닐까
길거리에 밟히고 밟히는 쓰레기

남을 밟고 일어서려고 하는 사람 속에
하늘을 보고 숲을 보며
멋과 조화를 길 위에서 줍는다

서해 바닷가에서

따스한 바람이 일렁이는 날 어디로 갈까
망설이다가 파도 소리가 들리는
서해 바닷가에 도착한다

노란 새싹에 눈을 뜨기 시작한 나뭇가지
환한 사랑의 빛으로 다가온 여인이다
이름 모를 새
파도 소리에 날갯짓으로
자유로움을 보여주며

밀물과 썰물 앞에 조화의 파노라마
자연 품 속에 스며든
나
은빛 하늘에 번갈아 기대어 본다

최옥순

대신 울어 주는 새

삶의 허무에
주저앉아

그냥 그렇게 사는 것을
그냥 그렇게 지내는 것을

풀 속에 울어주는 새
대신 울어주는 새 한 마리에

가던 길 멈추고
두 볼에 하염없이 흐르는 눈물

손발이 닳도록
소박한 쉼터에

눈빛으로
일어나려고 하는 새
다시 일어나려고 하는 새

대신 울어주는 새
가슴에 닿아

늘 푸르르고
희망의 불씨에

매혹되어 다듬고 어루만져
가는 길 너와 나 그리움인 것을

최옥순

그대 안에

하얀 꽃잎에
별, 달빛이 내려앉아

도란도란 이야기하는
그대
마주 보고 웃네

그 길 위에
생명의 소리가 있어
만지면 찢어질세라

닿지 않도록
부드러운 숨결
그대 숨소리
이산 저산 메아리 되어

봄빛으로
유혹하는 꽃잎에
쏜살같이 스쳐진
청춘이야

거칠어진 손

꽃잎처럼 고운 손이
나도 모르게 거칠어진 손
마른 가지로 변해 버렸다

자녀 뒷바라지
집안일에
손이 마술 손이 된 흔적

오늘따라 손톱을 깎으니
세월이 빙그레 웃고 있다

꽃잎에
흔들리는 바람일까
바람에 흔들리는 꽃잎일까

거칠어진 손마디는
금손으로 변해 버린 행복
그대는 알고 있나요

최옥순

능소화 꽃잎에

누렇게 익은 보리
농부의 발길 재촉하고

담장 넘어 핀 꽃잎
사랑을 재촉한다

그리워하다 핀 꽃말에
가슴 조이다 마음에 귀
당신의 노래 읊조리로다

수련에 물든다

인연
그리고
인연
만나야 할 사람이라면
기쁨으로 만나서
영롱한 꽃잎에 앉아
입가에 미소가 번진 날
기쁨이 있는 그 자체 머물다
호호호 하하하 웃음의 날개는 연잎에 내려앉는다

마음의 벽이 허물어지고
커다란 연잎이 된 마음
연분홍색 발걸음
매력적인 관계로 변하고
상호 관계 평등 관계로 이룬 조화
가만히 쳐다본 수련 잎
상징적 의미를 지닌 존경과 애환이 그려진다

최옥순

꽃잔치

꽃잎에 얼굴을 비추니
꽃송이 요술사가 되어

누군가에 보일 꽃일까
이제 태양의 꽃이로다

산골 소녀

산언덕 휘바람 불며 푸른 소나무 가지를 붙잡고
야호~~~소리치던 어린 시절 소녀

호호호 하하하 웃으며 뛰어다녔던 추억
산과 들 큰 가슴으로 품어 주고

그 시절 그때 풀벌레 소리에 떨리는 작은 가슴에
별, 달 친구가 되어 파란 꿈을 심어 주었지

반짝이는 별 하나에 부엉이 소리
무서워 파르르 떨던 순간
연둣빛 그리움에 산골 소녀 시를 삼켜 꿈 이룬다

최옥순

여름이 익어가는 소리

돌 위에 돌
서서히 익어가는 도토리
시원한 숲속 나들이에 다람쥐
매미 소리로 달구어진 산 열매 손톱으로 변한다
산 향기에 물씬 풍겨 난 그리움의 미소
둘레길 그 숲에
발걸음 흔적 남겨 둔 세월
부드러운 수염으로 덮인 하얀 속살
하모니카 만들어 노래하는 옥수수
달콤한 맛으로 익은 여름
너와 나 눈빛 사랑이라 말한다

구수한 냄새

소금물에 녹아내려
한 몸이 된 맛

그윽한 냄새
집안에 스며든 미소이다

최옥순

행복

긴 기다림에
정성의 눈빛으로
바라보다 돌부처가 되다

자존감 찾아가는 모습에
눈가에 눈물이 흐른다

그저 바라보기만 했던 순간
아 움이 솟아나려고 하는가 보다

여린 마음에 상처가 나지 않기를
그저 바라만 본다

긴 기다림에
꽃이 피듯이

정성으로 보듬어 온 사랑
활기차게 날아보기를
간절히 소망 더한다

희망의 새싹에
청년들 미래 태양의 빛처럼
아름답다

복 실은 마차처럼 뚜벅뚜벅
잎으로 걸어가는 모습에
등 뒤에서 밀어준다

긴 기다림에
젊은 청년이여
가슴에 희망을

최옥순

오월의 길

빛과 어둠 두 길에서
늘 밝은 선의 길 선택에

깊은 내심의 평온을 찾아 바다에 띄운 배
잔잔한 물결 속에 부르짖는 소리
정의는 살아 있는가
내 안의 거울을 본다
무엇을 바라보는가
은과 금에 눈이 멀어

거짓으로 포장된 거대한 울타리 안에
두려워 떠는 도다

오월의 길 위에
어둠의 그늘이 사라지고
붉은 태양 에너지로
이 민족을 다시 일으켜 세우소서

출렁다리

우뚝 솟은 바윗돌
하늘엔 흰 구름
나 잡아봐라
겁 없이 걸어라
웃어라
등과 등 밀어주며
깊고 깊은 마음 너와 하나의 숲
솔바람 파란 잎에
그리움의 호주머니 달아 두고
y자 출렁다리 구멍 난 양말사이로
계곡 아래 돌멩이
호랑이 같아 양손 힘껏 잡아
흔들리는 다리야 날 살려다오

최옥순

3부 삶의 교향곡

인생의 굴곡이 지난 그곳에
하늘로 솟구쳐 올라
인연에 삶의 무게는 가벼워진다

　　　　　　　　　　　삶의 교향곡 중

선비의 거리를 걷다

햇살 따라 머문 거리
아직 찬 바람은 냉혹하다

어린아이 손 이른 앵두 같고
골목을 누비는 해 맑은소리

도란도란 이야기가 있는 곳
예쁜 옷을 입은 여인의 모습에서

골목 안 서당에 글 읽는 소리가
들리는 듯하고
담벼락에 그림

선비의 흔적이 있는 거리
봄은 마음을 훔쳐본다

옛 추억 고뇌 흔적을 밟으며
시인은 시를 읊고

백제의 거리를 누비며
선비의 애환의 옷자락이 바람에 스친다

강천산을 다녀오면서

발길 닿은 산 입구에
봄기운 넘쳐 어디론가 흐르고 있다

아! 좋다
숲은 산이 된다

언제나 그 자리에 누군가라도
엄마 품 숲속

출렁다리 오솔길
어찌 깊은 숲 알 수 있으리오

이제 더 이상 말 못 해요
이제 더 이상 말 못 해요

하나가 된 산
아직은 영영 이별하지 않을래요

최옥순

희망의 소리

어둠이 엄습해 올지라도
세상의 신음 소리가 들려도
저 높은 곳에 열쇠를 달아 놓겠어요

그러나, 나는
그러나, 나는

기다림에
외로움
어둠이 사라질 때까지
꺼져가는 등불
하늘 창문에 달아 놓겠어요

용솟음 태양
기다림에 지쳐 있을 때
바람처럼 당신이 올 것 잖아요

당신 곁으로

깔깔거리며 웃던 소녀
노란 꽃잎으로 변해

당신 곁으로
당신 곁으로

노랗게 물든
마음 문 열어요

그대와 당신 사이에
잊혀진 사랑

그냥 둘래요
그냥 둘래요

돌아올 당신이니까
돌아올 당신이니까

최옥순

무엇에 감동하나요

낙엽 하나에
가슴 뛰고

손으로 만지작거리며
눈은 실눈이 되고
가슴은 폭포수가 되어

아!
여린 여인의 젖가슴처럼
눈에 맺힌 이슬 파도 물결이 되다

삶의 교향악

넓게 펼쳐진 들판
황금빛 춤을 춘다

물소리 바람 소리
샘솟는 기쁨에 포로가 되고

인생의 굴곡이 지난 그곳에
하늘로 솟구쳐 올라
인연에 삶의 무게는 가벼워진다

어디로 가야 하는지
누가 물어보는 사람 없어도
가야 할 길 앞에서 내려놓는 법 알게 된다

동구 밖 눈빛으로 사단 아름드리나무
내일이란 단어가 나뭇가지에 걸려있다

청춘의 여백 사이로
채워진 잔주름
굵은 뼈마디
삶 앞에 초라하지 않다

최옥순

논두렁 사이에

새벽
모내기한 농부의 논두렁에 걸터앉아
커다란 잎으로 부채질하고

지난밤 별빛에 유혹되어
뜬눈으로 지새운 자아

길목마다 우아한 자태
하얀 연잎 그리움이 피워올라
발그레 웃음으로 춤추는 눈두렁

산

낮과 달빛 사이로
몸부림친 흔적들

비바람에 견딘 나
돌 틈에 낀 소나무

휘어지고 비틀어진 자태
거칠고 까칠한 넋

텅 빈 가슴에
다람쥐 발바닥 닳아 아프다

최옥순

그들 앞에서

얼굴에 웃음이 없는 그들 옆에
환한 웃음을
그냥 웃어 주는 사람 천사가 아니다

어디 아파요
여기 아파요

입이 있어도 말하지 못하고
가슴으로 말하는 사람

하루하루가 지겨운 사람
누가 찾아오는 날이면 대박 난 날

어찌 미워하겠습니까
멀리 보면 나의 모습인지 모른다

황소처럼 살아온 사람
바로 나의 어머니이다

계절 옆에서

여린 꽃잎에
발길이 멈춘 것이 아니라
마음이 대리석이 되어

파르르 떠는 잎새
넷 눈으로 본 암술과 수술
종이비행기가 되어 날아간다

누구나 생각대로
흔들리는 바람에
작은 꽃잎도 상처가 나고

때론 행복도 아픔이 될 때
깊은 흉터에
수채화로 채운다

그냥 사는 것을
어찌 애절한 그리움이 소나기가 되어
쏟아져 내린 그 운명 앞에
인연 중 인연의 계절인가

최옥순

숲

나뭇가지 춤추는 날
그 길을 따라 당신도 나도 홀려 있네

흙과 인연이 깊어
말없이 비탈진 등선을 오르며

물통 무거워 몸 안에 집어넣고
산향기 유혹에
헐떡이는 숨소리에

언제 벌써
내 곁에서 부채로
춤추는 당신이구려

새벽

동쪽의 별
한 폭의 그림에
가슴에 파고든 생명체

그 안에 감동으로
큰 놀램과 설렘에

쳐다보는 자에게 빛을
공짜로 받은 자 그대의 삶

진솔한 길
묵묵히 걷고 걷는 길
살아서 움직이는 하늘

혹시 그대
하늘을 보지 않아도
매일 그대의 길 위에

빛으로
빛으로
그대 보호하는 자연의 멋이로다

최옥순

어제, 오늘

찬란한 태양에
이슬에 맺힌 물방울 반짝이고

청춘이란 단어가
달음박질칠 때
검정 고무신 낡아 있다

욕심의 덫에 걸려
긴 시간을 보낸 어느 날

잊어버린 것을 찾아
어제와 오늘을 헤매고

사색의 고귀한 시간
닦아도 닦아도 싸인 먼지 훌훌 털고
책 한 권이 삶의 피로 몰아간다

마음의 소리에
마음의 소리에

검정 고무신
대청마루에서
허허 웃고 있다

최옥순

아름다운 계절아

울긋불긋 산기슭
누가 봐도 감탄할 절색 미인이다

밤낮으로
해 달 별빛 교차로 만남이

훌훌 벗어 던진 알몸처럼
사르르 사라진 낙엽이다

그 누가 가을이라고
그 누가 아름답다고

맘과 맘속에
그려 넣고 아파하는 가을에

어디로 가려고 하나요

힘들 땐 당신의 눈을 보고
슬픈 땐 살며시 손을 잡아주며

어디가 아픈지 물어봐 주는 하루
눈과 눈으로 마주하는 순간

긴 한숨으로 대하는 모습에
어떤 말을 더하리오

병상에서 지난 삶을 더듬어 보는
추억 속에 살아가는 사람아

아픔은 누구나 꼭 같이 겪는 일
아픈 몸 나의 친구가 되어 산다면
아직도 희망이 남아 있는 사실 하나에
인연으로 남아 잊혀지지 않을
그대 모습이었으면 좋겠다

최옥순

4부 가을 수채화

창문 사이로 별빛과 속삭이는 새벽
고요함을 깨운 그리움이다

언제 오시나요 가을빛 사랑에
꿈이었나요 거짓이었나요

가을 수채화 중

친구야 또 다른 색칠을 하자

쉬지 않고 살아온 순간들 잠시 접어두고
새로운 봄을 맞아 좋아하는 색칠을 해 보자

너와 나의 인연
곱고 밝은색으로
한 겹 한 겹 색칠로 그리운 친구를 그리자

오늘따라 빗소리가 크게 들리는구나
누군가 봄을 그리워하며 보고 싶어도
보지 못하고 있는 친구가 바로 나인가 보다

짙은 안개 사이로 내리는 비에 젖은 매화나무
누군가 닮아 얼굴엔 그리움이 가득하구나

친구야
나의 사랑 예쁜 곰 인형처럼
옆에 있어도 좋은 친구야

알 수 없는 내일을 향해
대지를 열고 하늘 향해 다시
미래를 위해 웃어 보고 싶다

보는 이 없어도

발걸음 소리 들리지 않아도
홀로 피고 지고 청춘은 소리친다

인생아
조금만 더 견디자
조금만 더 견디자

검은 그림자 무지개색으로 변하고
서로 얼굴 마주 보는 날 그립도다

힘 모아 이겨내는 이웃
까치 소리에 오늘도 코로나 확진 숫자가 줄어들까

입에 씌운 소 멍에
벗어 던지고 하얀 미소로 그대 곁으로
조르르 달려가 꽃 여인이 되고 싶다

최옥순

당신 웃고 있나요

잠깐
그대 모습
누굴 닮았나요

쳇바퀴 시간에
미워도 웃어 주는데
더 이상 묻지 말아요

다른 사람 잘해줘도
소용 없잖아요

오직 한 사람 그대만이
내 곁에 있을 사람이니까

이제 울지 말아요
하고 싶은 대로 살아요

가슴 너무 아파하지 말아요
영원히 함께할 그대이니까

사랑의 계절아

생명 없는 나뭇가지에
예술의 생명이 숨 쉰다

꽃향기에 찔린 듯
가슴이 아파온다

노을이 하늘에 걸려
들숨 날숨 숨을 몰아쉬며

자욱한 가을빛 스며든 그림자
잠시 비켜선 세월을 본다

최옥순

계절을 누비다

곱게 핀 코스모스 언니의 얼굴 같아
가루받이로 바람결에 흔들리고
길섶에 까맣게 익은 작은 씨앗
수줍은 듯 그댈 꿈속으로 사라졌다
다람쥐 줄행랑을 치고
곱게 물든 숲속 나뭇잎은 못 갖춘마디가 되고
애틋한 여인의 눈빛 같아 산기슭을 넘나든다
삶 오솔길을 걸어온 흔적의 사진 앞에
개울물에 발을 담그며
개똥벌레 소리에 깔깔거리며 놀던
옛 추억 스쳐 지나간 바람 같다

마음의 뜰

험악한 산 올라가는 순간에
험할수록 가슴은 뛴다

발가락 멍든 아픔도 참아
내려올 때 그 기쁨의 힘을 발견한다

마음의 뜰에 인내를 심어 놓고
그리워하던 그대를 만났다

미소 땀 사이에
가슴에 가슴을 포개어
영원히 함께할 초연의 뜰에 서 있다

최옥순

여명

수레에 앉아
아름다운 운무에 혼미해진다

뽀얀 안개 속으로 달려가
새벽에 안기며

올빼미 같은 눈
할 말을 잃은 혀
영혼 세계로 빠져든 혼

태양의 빛 닿는 곳에
눈길 가는 곳에
여명은 영원히 그 자리에 기다린다

초록잎

그것이 알고 싶다
좋은 꿈이 다가오는가 하면
어두운 그림자도 다가온다

우리의 삶 속에
너무나 소중한 것을
가끔
지나쳐 버리기에
그것을 알지 못한다

그냥 스쳐 지나간 사연
그 안에 시간이 숨어 있다

잎새 옆에서
마구 부르짖고 싶은 이름이 있다

때론 리모컨이 되고
물컵이 되어
송곳에 찔린 가슴처럼
마음속으로 외치고 있다

최옥순

물음표

꽃내음 풍긴 들꽃 사이로
어디선가 들리는 꿩 알 품는 소리

양지쪽 쑥 냉이 진달래 핀 옛길
국화꽃 무늬 그 길을 걷노라니
골고다 십자가찔린 듯 피가 흐른다

죽음을 일으켜 세운
고귀한 생명의 물결

푸르게 젖은 꽃바람
사랑앓이에 아프디

치솟은 갈비뼈
붉게 변한보혈의어둠

천둥소리에 놀란 얼굴들
흙에 파묻고 갈 길을 잃은 사람

물음표 느낌표
노을이 진 흔적을 묻다

돌탑의 신비

지난 흔적들 앞에서
지극한 정성 돌탑의 빛이다

25세 이곳 찾아
삼 십년 동안 쌓은 돌 위에 돌
신비의 영혼은 있으나 당신은 없었다

거친 비바람에
우뚝 솟아 지탱해 온 탑
새하얀 눈이 안아준 넋
쉽게 잊을 것 같지 않다

영원한 정성 변하지 않는 것
아무것도 없는 것 같으나
그 무엇인가 영혼이 숨 쉬고 있다

최옥순

아름다운 산

산이 부른다
붉게 물든 낙엽이
뭇 생명 위로 하는 듯
화려한 색 조화로
어머니 사랑 같도다
산새들이 노래하는 산기슭에
오묘한 진리가 있어
세상은 변해도
영원한 나의 가슴은 그 자리에
아픈 가슴 시리도록
낙엽 사이로
숨을 몰아쉬며
산이 좋아
산으로 돌아온다

마음의 에메랄드빛

마음의 눈은 어디에
당신의 수준에 맞게 보이는 것을

자연에 심취되어 바라본 순간
운문에 날개깃으로 날고 싶다

국화 향기 옷을 입고
마음의 빛 그리움이 스며든다

피어라 에메랄드 꽃이여
오~~~사랑의 빛

고상하고 우아함이
생의 지팡이로 살아 있다

가슴으로 만져 본 희망
편안을 누리고 환희로 상처가 아문다

최옥순

가을에 사랑할 거야

보이는 것보다
더 깊디깊은 바다처럼

부드러운 숨결로
하늘을 가려 볼 거야

고추잠자리 날개 달고
힘껏 달려 눈빛을 바라볼 거야

나의 사랑
나의 시를 읊으며

누린 호박 고향 향수에 젖어
그리운 어머니가 있는 곳
영원한 사랑 불태우며 가슴으로 달려갈 거야

가을 수채화

파란 여백에 붉게 색칠한 작품 하나에
마법의 힘에 이름을 새겨본다

창문 사이로 별빛과 속삭이는 새벽
고요함을 깨운 그리움이다

언제 오시나요 가을빛 사랑에
꿈이었나요 거짓이었나요

벌써
누렇게 익은 은행 떨어지고
국화꽃 시들어 가는데

사랑이라 그런가요
인연이란 그런가요
이제 삶의 굴레 벗어나 가을 수채화가 될래요

최옥순

목련화

깊은 잠에서 깨어난 고고한 내 사랑
닫힌 마음 문 열어 그대를 맞이 합니다

그리움에 사무친 긴 밤 뜬눈으로 지새고
사랑 노래 춤추며 당신의 향기 품어 봅니다

분주한 일상 훌훌 털고 일어나 설레임으로
그대 고운 향기 바람 곁에 멀리 뿌려 봅니다

바라볼수록 다정한 내 사랑 목련화여
봄 햇살 같은 그대에게 입 맞추렵니다

9월에

높은 하늘 아래
꿈을 향한 청춘을 걸어 놓았다

푸른 잎에 대추 알
남몰래 숨어 버린 끝자락

설레는 그리움
어쩌면 좋을까

천리를 훨훨 날아
눈물이 내 눈물이 되어

남은 여운 청춘길 따라
둘이 짚은 지팡이 한 몸이 된다

최옥순

제5부 굳세게 솟아라

부귀영화 생각에 벗어나
참 진의 모습
다르마를 쫓아 나서고 있습니다

굳세게 솟아라 중

꿈

누군가 꾼 파란 꿈 사연의 이야기
빗줄기같이 쏟아져 버린 냇물
흘러간 옛 추억에
삶은 징검다리가 되어 속삭인다

아름다운 글을 묘사해 내려고
작은 사물에 초점을 맞추고
얽히고설킨 이야기 풀어헤쳐
인생 수레바퀴가 되어 굴려간다

살았는지 죽었는지 감춰진 사연
여생도 물거품처럼 지나간 자리에
뜬눈이 눈물샘이 되어 있다

누군가 누구를 위해 성실히 살아가는지
삶의 한가운데 서성일 때

옛이야기 속으로 멈추어 버린 꿈
훗날 눈빛으로 주고받는 인생
눈물샘이 터져 꿈은 꿈이다

숲길

작은 찬바람에도
아프다

희미한 혈관처럼
감추진 굽은 길

숨어 오는 빛줄기에
두고 온 그림자 앞장선다

솔잎 사랑아
앞길을 막지 말아다오

최옥순

소나무 아래

눈 덮인 거리에
얼음을 밟고 걷는 두 다리

어떤 이는 가족을 위해
어떤 이는 명예를 위해

어떤 이는 자신을 위해
새벽잠을 설치고 달린다

두 팔이 짧아
닿지 못함도 아니요

두 눈을 가진 나무 아래
또 다른 사랑을

눈길 위 고양이 걸음으로
삶의 향기가 되어

두 손을 잡고 환희에
기쁨을 주는 그날이

인내의 두 글자
긴 기다림에 눈물을 감추고
푸른 희망으로 눈물을 닦는다

뚝배기

씽씽 부는 찬바람을 삼켜 버린 온기
보글보글 끓어 넘치는 구수한 냄새에

몸을 녹인 맛
한 잎 떠 눈 맞춘 그녀

호호 불며 겨울 친구가 되어
봄바람을 재촉한다

불어라
나뭇가지 흔들어라

모락모락 연기 속으로
빠져든 뚝배기 맛에 놀란다

최옥순

흔들리는 그림자

삶의 그림자
빛에 흔들리는 그림자 되어
홀로 외로움에 울어 버린다
욕심이란
등 뒤에 서서 바라보다
바람에 흔들리는 그림자처럼
어디론가 사라지는 덫
허무에 빠져들고
무슨 의미가 있는지
얼음 아래 흐르는 물처럼
말없이 흐르고 흐르는 것을
아무도 몰래 깊숙이 숨어 버린다

자연에

꿋꿋하게 버틴 나무
생명의 숨소리가 들린다

촉촉하게 젖은
나뭇가지에 새 둥지

흰 눈 사이로
환하게 빛난 아침 햇살

땅 하늘 이어주는 조화
놀란 멋에 취해 온몸이 녹아내린다

최옥순

눈 오는 날에

어둠을 환하게 밝힌 흰 꽃
사르르 눈물이 고인 자리
갯버들 수줍어 고개 숙여
가쁜 숨 몰아쉬며 비시시 웃고 있다

희망을 품다

황금물결 위 우뚝 솟은 곳
환호성 소리에 어두움은 물러가고
뱃고동 소리에 소망의 닻을 내린다

대망의 바다여
아프지도 말고 굳세게 달려보자
나의 사랑 나의 꽃이여

최옥순

굳세게 솟아라

인생의 항해에서
방해물이 있을지라도
극복하는 힘이 있습니다

새잎이 돋아나 싱싱함으로
등대 위에 빛이 되어
참삶의 목표 가슴에 새기고 있습니다

겉은 버리고
표류하지 않고
그리움에 힘입어

부귀영화 생각에 벗어나
참 진의 모습
다르마를 쫓아 나서고 있습니다

사랑의 원리를 깨달아 기쁨에 속하여
바람이 어디서 어디로 가는지
사색의 힘에
인생의 굴레에서 굳세게 솟아나려고 합니다

생의 길을 쫓아 극복의 열매로
환희로 웃는 그 순간까지
어느 길을 선택하느냐 스스로 묻고 있습니다

거저 받았으니 거저 주라

집착에서 벗어나려고
그냥 창가에 앉아 먼 산을 바라보다
바라지 말고
그냥 평생을 그 자리에서
있는 그대로 풀잎과 노래하며
덜어주는 기쁨에
높이 쌓아 올린 덕
누구의 삶이 아니라
예쁜 꿈 하나 이룬
낡고 낡은 운동화로
신발 자국 흔적 아래
고인 사랑 오늘은 좋은 일이 있을 것 같다

최옥순

인생항로

무섭고 어두운 밤길을 지나
쓰라리고 외면당한
가슴 허탈해지며

고달프고 아픈 일이
당신께 있다 할지라도
쉽게 포기하지 말며

때로는
앞길을 가로막는
냉대와 비웃음에

뼈아프게 느낄지라도
결심으로 다시 일어서며

사랑이란 커다란 뜻 앞에
온정을 베풀며
참사랑의 뜻으로

마지막 순간까지
에로스 사랑으로
높이 솟은 당신의 빛으로 남으소서

푸른 삽화

그리던 향수에
높푸른 하늘 한구석에

은은히 밀려오는 꽃 빛에
가슴을 휘감고

불그스레 물든 인생을
내려다보니 긴 여정이다

꿈엔들
잊으랴

여린 깃털 세운 노란 병아리에
저 멀리 굴뚝 연기 향수에 젖어

푸른 잡초 바람에
이산 저산 진달래 꺾어

연분홍 입술로 히죽거리며
높다란 산 계곡 친구 되어

찢어진 고무신 쳐다보며
웃던 그 시절
향수 바람에 밀려 어디론가 날아간다

최옥순

힘껏 뻗어가게 하소서

차츰 퇴색되어 가는 색깔처럼
내가 걸어간 발걸음 흔적 안에
귀중한님의 정신 하나하나 떨어뜨리고
남은 것 아무것도 없이
그저 님의 발자취만 바라보고 있습니다

밤낮 하늘 향해 간구하신 당신의 모습에서
겨울 얼음덩어리를 안고 견디며 살아온 일생은
눈물 고인 삶 이었지만 그 삶을 희망으로
소망으로 바꾸어 놓은 신 사랑에
어떠한 환경에서도 굴하지 않는 그 정신을 배웠습니다

땀 눈물이 얼룩진 사랑에 어찌 가슴이
뭉쿨하지 않을 수 있겠습니까
창세 이래 큰 뜻을 품은 사랑 더 멀리멀리
힘껏 뻗어가게 하소서

내 안에 숨 쉬고 있는 당신
어디로 가나 동행한 당신이 계시기에
퇴색되어 버린 색깔에서 파란 잎 생기가 넘쳐 나는
희망의 색을 다시 찾아봅니다

무엇을 하던 그곳에 함께한 당신
나 혼자 내 버려두지 않는 당신
수시로 증거 보이는 당신

사랑으로 감싸 안으며 지독하게 사랑하는 당신
넓은 사랑 안에서 맘껏찬양하게 하소서

최옥순

일어나 걸어라

긴 기다림에
정성의 눈빛으로
바라보기만 했습니다

조금씩 자존감을 찾아가는 모습에
눈가에 눈물이 흐릅니다

그저 바라보기만 했던 순간
아 움이 솟아나려고 하는가 보다

여린 마음에 상처가 나지 않기를
그저 바라만 봅니다

긴 기다림에
봄꽃이 피듯이

정성으로 보듬어 온 사랑
활기차게 날아보기를
간절히 소망합니다

희망의 새싹에
청년들 미래는 태양의 빛으로
꿈을 이루어 가는 발걸음에 소망을 담아봅니다

복을 실은 마차처럼 뚜벅뚜벅
앞으로 걸어가는 모습을
등 뒤에서 봅니다

긴 기다림에
아주 조금씩
희망과 감사를 담아 갑니다

젊은 청년이여
가슴에 희망을
어머니의 마음(두 아들을 바라보며...)

최옥순

낮은 마음으로 보게 하소서

들길에 띄지 않는 작은 꽃
짙은 향기에 머무르게 하듯이 드러나지 않는
위치에서 아름다운 모습이게 하소서

조화로 너와 내가
마음이 하나 되어
서로 짐을 나누어져 쉼이 되게 하소서

모든 사람 나보다 낫게 여기며
섬기는 마음 갖게 하소서

하늘의 미움을 살까 두려워하며
하늘 거울에 비추게 하소서

삶의 향기 힘이 되고 소망 되어
쌓아 올린 염원 이루게 하소서

거금도 사랑이여

일렁이는 파도여
푸르고 푸른 몸짓으로
아름다운 별빛으로 다가와
은빛 옷으로 갈아입고 춤추는 거금도이어라

손이 짧아 닿지 못하나
눈으로 당신의 매력에 푹 빠져
마음으로 건져 올린 은빛 물결에
당신의 생명체 앞에 사랑의 이름으로
남겨 둔 첫사랑 같습니다

출렁이며 살포시 고운 목소리로 파도칠 때
뜨거운 사랑으로 태양도 덩달아
바닷속에 빠져 몸을 씻고
다시 붉은 태양의 옷으로
당신 곁에 있습니다

아름다운 거금도여
당신이 노래할 때 태양도 그늘지지 않으려
잔잔한 미소로 내 마음속에 부드럽게 흘러내린
금빛의 당신을 맞이합니다

최옥순

제6부 사랑의 시

세상의 염려 훌훌 털어 나뭇가지 위에다 걸어 놓고
창공을 나는 새들 틈에 끼어 내 마음도 날고 있네

사랑의 시 중

가을엔

아름다운 당신의 뜨락에
참새와 친구가 되고 싶다

밤낮으로
부는 바람에 품성이 까맣게 익어가고 싶다

계절의 진실 앞에
흔들리는 국화 향기로 한 송이 꽃이 되고 싶다

가을엔
내 안에 사랑을 담은 그리움을 키우고 싶다

풀벌레 소리에
설레는 마음에 멀미하는 소녀이고 싶다

억새 풀 사이에 두고 하하하 웃으며
술래잡기하는 동심이고 싶다

보고 싶은 사람 있다면
만나며 살아가는 여유로운 가을이고 싶다

여백이 주는 시

변덕스런 날씨 탓에
걷잡을 수없는 뭇 생명 희생이 되고
하늘 땅도 몸부림친 여름

유난히도 기쁨보다 슬픈 소식이 많아
이래저래 순응해야 할 여름인가

흥겨운 노랫소리인가
슬픈 노랫소리인가

매미 소리 정답게 들리지 않고
하늘 높이 솟아오른 태양 아래 땀을 닦고 있다

최옥순

나에게

세속에 때 묻지 않고
그윽한 향기 품어내는 깊은 산속
흰백화 은은한 향기 지닌 모습이고 싶다

성결한 모습 순수함 그 자체 모습으로
돌아가려고 노력하고 있는지 내 안에 나를 본다

고운 향기를 지닌 향기로운 사람
그 사람이 바로 나와 너라면
새로움 얻어 환하게 웃을 수 있을까

가져도 가져도 끝이 없는 욕망 바라보며
밝고 맑은 얼굴로 살 수 있다면 얼마나 좋을까

바람이 불면 부는 대로 꽃이 피면 피는 대로
잔잔한 마음에 파도가 일지 않고

말 한마디라도 사랑으로
더 큰 대오를 그리며 살고 싶다

그대의 붉은 피

혈관 따라 흐르는
생명이 있어
말없이 희망의 음표를 그린다

정직 진실에 부딪혀
매일 스스로 결정하며

밤마다 뜬 눈 지새며
툭하면 눈물샘이 흐른다

언제까지 함께 할 당신
더이상 힘들어하지 말아요

살아 있다는 하나로
더이상 미안해 하지 말아요

최옥순

나에게 주는 시

너의 작품은
나의 시가 되어 돌아온다

마음의 날갯짓으로
자연은 벗이 되어 내 곁으로 온다

온몸을 불사르 듯
전부를 다 주고도 모자라는 듯

나이에 맞게 내어 준 삶
크고 작은 깨달음은 시가 되어 나를 찾아온다

부여 백화정에서

삼천 궁여 애환에
낭떠러지 몸을 던진 강물
아이 무서워라

송홧가루
노란 색동옷을 입고 있다

저 멀리 말굽 소리 여인의 처절한 심경
어디에 호소하랴

찢기고 짓밟힌 흔적
누가 대신 아파하는가

백마강 침묵에
닳고 닳은 백화정 모서리 숱한 자국
강물에 휩쓸려 숨어 슬피 운다

남아 있는 넋이여
서러워 마오
돌고 돌아 꽃 다시 피어
영혼으로 활짝 피우지 않으리까

최옥순

산울림

갈 바람 소리에
가을은 울고 있다

가슴에 가슴으로 전해지는
공허한 그리움

산울림이 되고
흙냄새 풍기고 있다

외로운 날
홍당무가 되고 피노키오 코가 되어

그립다 말하지 못하고
산울림이 되어 있다

사는 동안

아침이면 눈을 떠
하루 종일 발걸음 흔적을 남기고
태양이 중천쯤 지난 시간은 숨을 가파르게 한다

우리 인생
기다림의 연속처럼
매일 누군가 기다리며
초등 달 아래 사랑이 운다

일은 줄어들 기미가 보이지 않고
미래의 향해 가는 빠른 걸음걸이
달빛 우정에
빨간 석류가 되어 빛나고 있다

최옥순

희망

푸른 잎 오색으로 변하고
청춘의 운 살며시 날개깃을 펼치고

누군가 그리울 때
내 마음의 문 달이 되고 별이 된다

아! 영혼의 옷을 벗고
삶의 극복이 이끄는 연못으로
양동이에 물 나르는 여인처럼
내일을 앞당겨 쓰고 있다

그냥 별이 되고 영롱한 목소리로
내 곁에 있어 주세요
매화 향기 잃지 않는 당신의 수레바퀴 인생인 것을

아름다운 모습은 어디에

눈빛으로 주고받는 인사에
콘크리트보다 더 단단한 당신의 의지를 본다

굳어 버린 당신의 모습에
아름답고 부드러운 모습은 어디에도 없다

지난 삶 속에 하나둘 내려놓고
허상의 자아에 밤낮 몸부림친 망상에

시대의 변화에 가족과 함께하지 못한
남의 손에 의지해야 하는 삶 그 자체 슬프도다

그러나
아주 조금씩 돌 틈 사이로 풀잎 사랑을
주어도 끝이 없는 사랑 앞에

오호라
물 달라 옆에 물건 주워달라 하루 종일 심부름
산 숲을 이루고 바위 아래 흐르는 계곡 물소리 되어
내 물건 어디 있어 추한 모습 가시나무새 되어
인내에 인내를 시험해 보는 질병

가슴에 냉수를 더해 최고의 미덕의 멋
치유의 손길로 곁에 서 있다

최옥순

사랑의 시

하얀 꿈 그린 수채화, 산야에 꽃으로 피어오르네
흔들리는 나뭇가지 그네를 타고

들릴 듯 말듯 누군가 외치는 소리
고드름이 수근거리는 소리

겹겹이 쌓인 마른 잎 아래 호흡하며 살아 숨 쉬는
그들 앞에 희망의 꿈 솟아오르고 솟아오르고

세상의 염려 훌훌 털어 나뭇가지 위에다 걸어 놓고
창공을 나는 새들 틈에 끼어 내 마음도 날고 있네

사랑이 살아 숨 쉬는 희망의 시를 희망의 시를
밤낮으로 그대 앞에 읊으리라 그대 앞에 읊으리라

들국화 향기로 새벽을 깨우며

깊은 잠의 잠꼬대
고여가 앉은 베갯머리
하나하나 피어오른 향기
평화롭고 고요한
세상 만상(萬狀) 일깨우는 향기
애화(哀話) 비화(秘話) 청정(淸淨)
새벽 향기 빛 부심에
그대 품에 안겨
누리는 최고의 극치(極致)
포근한 국화 향기로
새벽을 깨운다

최옥순

함께 아픔을 느낄 때

정신적 육체적 지치고 힘들 때
아플 때도 있었지만 행복했습니다
나보다 더 고통받으며 밤새 끙끙 앓은 사람들
보고 있노라면 대신 아파해 줄 수가 없었지만
그들과 함께 통증에
어찌 말할 수가 있으리오
애잔한 전율이 교차하고
최선을 다해 보살핌으로
손을 꼭 잡아주며
두 눈에서 눈물이 주르르
그런 모습을 보았지요
이렇게 사는 것을
당신과 만남이 운명인 것을
어느 날
영혼의 자유 길 보지 않으려고
모질게 뒤 돌아선다

세월의 춤

하늘은 시시각각 변하여
회색 하늘 아래 세월에
문득 묻네

최고의 청춘
순식간에 과거가 되고
언제 그런 추억이 있었는지
언제 벌써 잊어버린 채

하얀 침대가 익숙해진 당신의 모습
횡설수설 오락가락 알 수 없는 말에
하얀 뇌가 되어버린 과거

아무것도 몰라요
몰라몰라

뼈와 얇은 피부
허허허 너털웃음으로

이래저래
미로 같은 삶
소설 같아요

최옥순

성탄절에

캄캄한 밤중에 별빛으로
온 세상 밝히시며 오신 영광의 주님
땅의 것은 변하고 시들고 틀어지고
미움과 질투로 찌그러지고 모난 모습에서
오늘은 거룩한 성품에 물들고 싶습니다

하늘의 영광 땅의 평화 기쁨으로 오신 축복의 날
주님의 손을 꼭 잡아 보고 싶습니다

일 년 동안 기쁨보다
슬픔 근심 걱정 고통 욕심에
교만 거만한 마음 다 내려놓고
낮은 자세로 주님과 함께 하고 싶은 날입니다

주님! 천국은 분양하지 않습니까
주님! 천국을 팔지는 않습니까

욕심 많은 저의 모습에서 벗어나
천국을 바라보며 주님을 사모하는 마음이면 좋겠습니다

삶의 길에서
주님을 사모하다가 남몰래 눈물을 보이며
얼마나 사모하는지 그리워하다 잠이 들 때도 있습니다
그리움으로 지친 시간에
하늘 천국을 달라고 기도하지 않고 땅의 소유만 달라고
애절하게 두 손이 발이 되도록 빌었던
모습이 부끄럽습니다
더 큰 사랑 하늘 축복이 내 곁에 있는데
오늘은 하얀 마음으로 주를 바라봅니다

최옥순

아름다운 약속

이 세상에서 가장 사랑하는 사람
내 생애에 단 한 사람 바로 당신입니다

죽도록 사랑해도 다하지 못한 사랑처럼
당신과 함께할 수 있어 행복합니다

당신과 함께한 길이라면
어떠한 고난이 있어도
신뢰와 인내로
말없이 바라만 봐도 힘이 되는 당신입니다

한뜻 한마음으로
믿음의 징검다리를 건널 때마다
눈으로 보지 않아도 보는 것처럼
내 마음속에 들어와 있는 당신입니다

오늘 같은 날
사랑이 뭐냐고 묻는다면
아름다운 깃털 사이로 내려오는
금빛 햇살 축복이라고 말하렵니다

사랑하는 사랑이여
사랑하는 사랑이여
당신이 나를 사랑한 것 같이
나 역시 당신을 사랑합니다

동행의 길 호미와 괭이로
믿음의 꽃 행복의 꽃 사랑의 꽃으로 일구어
두툼한 외투 속으로 파고드는 생명의 꽃으로 남으소서

손등과 얼굴에 새겨진 어머니 사랑에
슬픔에 속하지 말고 희망의 샘 넘쳐흘러
무엇과 바꿀 수 없는 영원한 나의 사랑입니다

*결혼식 축시: 황은 선생님을 위하여...

최옥순

시해설
기발한 시상을 타고난 여류시인
최옥순 제3시집 "대신 울어주는 새"
시해설 최양희

기발한 시상을 타고난 여류시인
제3시집 "대신 울어주는 새"

최양희

한국 문단에서 '최옥순 시인'하면 모르는 사람이 없을 정도로 잘 알려진 시인인데, 이번에 제3시집을 출간하게 됐다.

그러니까, 제1시집 "들국화 향기"를 내고, 제2시집 **"시들지 않는 꽃"**을 출간하고 나서, 이번에는 **제3시집 "대신 울어주는 새"** 라는 시집을 출간하게 된 것이다.

이 얼마나 자랑스럽고 반가운 소식인가.

정말 최옥순 시인의 그 문학정신과 시적 재능을, 우리 모두 마음속 깊이 존경의 갈채를 보내 드려야 마땅한 일.

더군다나 최옥순 시인은 누구보다도 문학에 일찍 눈을 뜨기 시작하여 국문학과 졸업 이전부터, 꾸준한 문학 활동을 하면서, 수많은 문학작품을 발표하여 이곳저곳에서 권위 있는 문학상을 많이 받은 훌륭한 여류시인이었다.

그러하기에 어느 문학 단체에서도 최옥순 시인을 모르는 사람이 없을 정도이며, 이 필자가 보령시에 활동하고 있는 (사) 한내문학에서도, 20여년 동안 좋은 시들을 발표하면서, 13인의 동인시집 "성주산 울림"에도 여러 번 참여한 활동적 시인이었다.

그럼, 최옥순 시인의 제3시집의 제목의 시**"대신 울어주는 새"** 부터 함께 공유해보기로 하자

삶의 허무에 / 주저앉아
　그냥 그렇게 사는 것을 / 그냥 그렇게 지내는 것을
　풀 속에 울어주는 새 / 대신 울어주는 새 한 마리에
　가던 길 멈추고 / 두 볼에 하염없이 흐르는 눈물

　　　--------------- 하 략------------------

　그러니까, 최옥순 시인의 시집 제목의 시를 자세히
음미해 보면
　　-대신 울어주는 새 한 마리에 - 가던 길 멈추고 -
　두 볼에 하염없이 흐르는 눈물 -

　이렇게 매듭지었는데 이 얼마나 애절한
서글픔인가?
　필자는 위 시를 보면서, 마음에 가슴이 찡했다.
다시 말해서 시집 제목에 표현한 시심처럼 -두 볼에
하염없이 흐르는 눈물- 같은 서글픔이 시인의
마음에서부터 흘러나오지 않았을까?.

　　정말 최옥순 시인의 시상은 독자들과의 심금에
와 닿는 진실한 시심을 지니고 있으며, 시인의 마음
그 자체부터가 독자들과 마음의 공감대를 형성하고
있었다.

　　그럼, 다음에 **"꽃 잔치"**라는 시를 음미해 보자

　꽃잎에 얼굴을 비추니 / 꽃송이 요술사가 되어
누군가에 보일 꽃일까 / 이제 태양의 꽃이로다

위의 **"꽃 잔치"**라는 시는 정말 독자들 누구에게나

최양희

정겹게 마음을 움직이는, 이해하기 쉽게 노래한 시이다.

〈누군가에 보일 꽃일까 / 이제 태양의 꽃이로다〉

위 시어는 정말 누구나 할 수 있는 표현이 아닌데, 여기 최옥순 시인은 남다르게 타고난 재능을 잘 살려낸 시였다.

다음은 **"소나무 아래"** 라는, 시를 소개하기로 한다.

눈 덮인 거리에 / 얼음을 밟고 걷는 두 다리
어떤 이는 가족을 위해 / 어떤 이는 명예를 위해
어떤 이는 자신을 위해 / 새벽잠을 설치고 달린다.
------------------ 중 략 ----------------

인내의 두 글자 / 긴 기다림에 눈물을 감추고
푸른 희망으로 눈물을 닦는다

위에 소개한 **"소나무 아래"** 라는, 시는 어느 시집에서도 찾아보기 힘든 시인의 시심과 진리와 철학을 겸비한 특성을 겸비하고 있다고 본다.

위의 시 끝 부문에서

〈가족을 위해, 명예와 자신을 위해,

인내라는 두 글자 눈물을 감추고, 눈물을 닦는다,〉
하고 매듭지었는데. 정말 최옥순 시인은 시인다운 우

리네 인생관을 유연하게 잘 풀어낸 것이다.

 이렇듯 위 시만 봐도 최옥순 시인은 시인다운 기발한 시심으로 창작했는데, '**순수한 시인의 시심 그대로**' 그러니까 어떤 상상이나, 모방이나, 기교를 사용하지 않은 것이 장점이었다.

 그리고 여기에 또 하나 필자가 언급하고. 싶은 것은 최옥순 시인은 독자들 누구에게나 싶게 공감대를 형성할 수 있는 정서를 순수하게 노래하는 것이 특징이다.

다음에는 **"산울림"** 이라는 시를 소개해 보는데-

　　갈바람 소리에 / 가을은 울고 있다

　　가슴에 가슴으로 전해지는 / 공허한 그리움

　　산울림이 되고 / 흙냄새 풍기고 있다

　　-----------중 략 ------------

　　그립다 말하지 못하고 / 산울림이 되어 있다

바로 이것이다.

여기 끝 부문에서

　　〈*그립다 말하지 못하고 / 산울림이 되어 있다*〉

최양희

위 시는, 시인의 마음에서 있는 그대로 흘러나온, 누구에게나 새로운 느낌을 안겨주는, 정말 보기 드문 명시가 분명하다.

끝으로 "꽃잎에 편지를 쓴다." 전문을 소개하는데-.

> 땅바닥에 뒹구는 꽃잎에
>
> 그리움을 접고 사랑을 깨알같이 적어
>
> 나의 사랑 봄소식에 립스틱 색깔을 고르며
>
> 어울리는 색 하나를 골라 손등에 발라보고
>
> 내 입술에 살짝 칠한다.
>
> 진달래 유채꽃 닮은 입술로 피어나
>
> 미래의 꼬리를 잡고
>
> 청순하고 어여쁜
>
> 그대에게 꽃의 향연에 편지를 띄운다

이번에 발표한 〈꽃잎에 편지를 쓴다.〉라는 시를 보고, 우리 문인들 모두 환영의 큰 박수를 보냈으면 한다.

왜냐면 위 시는 누구도 생각하지 못한 시상에서 생산된 명작이기 때문이다.

------------------ 상 략 ----------------
= 진달래 유채꽃 닮은 입술로 피어나

　미래의 꼬리를 잡고

청순하고 어여쁜

　　　그대에게 꽃의 향연에 편지를 띄운다 =

　위에 있는 시들 중에서-

〈= *청순하고 어여쁜/ 그대에게 꽃의 향연에 편지를 띄운다*= 〉라고 매듭지었는데, 그의 시들을 자세히 읽어보면-
　대자연을 노래한 시속에는 시인의 시상이 남다르게 뛰어났다는 점을 금방 느낄 수 있을 것이다.
　그러하기에 최옥순 시인은 시의 소재를 자신의 서정에 잘 활용하면서 신비한 대자연을 잘 노래할 줄 아는 소질의 특징 때문에, 그 어떠한 독자들한테도 기억될 것이다.

　있는 그대로 문학적 특징을 살려, 자신의 노래한

"제3시집"을 출간하게 된 최옥순 여류시인.

　여기에서 또 필자가 더 하고 싶은 말씀은-
　최옥순 시인의 운명은 어쩔 도리가 없는 법,
　최옥순 시인은 누구나 싶게 공감대를 형성하는 직유와 은유적 시상을 시에 따라 유연하게 잘 활용한다는 것이 장점이다.

　다시 강조하고 싶은 말씀은 이번에 최옥순 시인이 **제3시집"대신 울어주는 새"**을 출간한다는데 가슴 깊이 고마움을 전한다.

　　　　　　　　　　　　　　　　　　최양희

끝으로 최옥순 시인은 수많은 친지와 독자들로부터 박수갈채를 크게 받게 될 것이며, 앞으로도 "제4시집, 제5시집"을 출간하리라고 기대하는 바이다.

감사합니다.

사랑의 시

최옥순 작사
송택동 작곡

최옥순

창작동네 시인선 183

대신 울어주는 새

초판인쇄 | 2024년 6월 30일
지 은 이 | 최옥순
편 집 장 | 정설연
펴 낸 이 | 윤기영
펴 낸 곳 | 도서출판 노트북 **등록** | 제305-2012-000048호
주　　소 | 서울시 동대문구 사가정로 256-4 나동 101호
전　　화 | 070-8887-8233 **팩스** | 02-844-5756
H　　P | 010-8263-8233
이 메 일 | hdpoem55@hanmail.net
판　　형 | 신한국판형 130-210/ P144

ISBN 979-11-88856-84-8-03810
정 가 10,000원

2024년 6월_대신 울어주는 새_최옥순 제3시집

한국 현대시[韓國現代詩]

*잘못된 책은 교환해 드립니다.
*저자와의 협의로 인지는 생략합니다.